벌레문법

리토피아포에지 · 27
벌레문법

인쇄 2014. 6. 10 발행 2014. 6. 15
지은이 이 명 펴낸이 정기옥
펴낸곳 리토피아
출판등록 2006. 6. 15. 제2006-12호
주소 402-814 인천 남구 경인로 77(숭의3동 120-1)
전화 032-883-5356 전송032-891-5356
홈페이지 www.litopia21.com 전자우편 litopia@hanmail.net

ISBN-978-89-6412-041-5 03810

값 8,000원

이 도서의 국립중앙도서관 출판시도서목록(CIP)은 서지정보유통지원시스템 홈페이지(http://seoji.nl.go.kr)와 국가자료공동목록시스템(http://www.nl.go.kr/kolisnet)에서 이용하실 수 있습니다.(CIP제어번호: CIP2014015155)

이명 시집

벌레문법

리토피아
LITERATURE & UTOPIA

시인의 말

나는 벌레였다
아침 6시에 일어나고 저녁 10시에 잠자리에 눕는
나충裸蟲이었다
그러고 보니 완전변태를 꿈꾸던 날이 있었다
알이었다가 애벌레였다가 번데기가 되었다가 성충이
되기를 반복했던 삶이었다
그러나 성충으로 탈바꿈했으되 완전한 성충으로 날아오른
기억은 없다
어중간하게 머물다만 성충, 아니 애벌레나 번데기로
끝나기도 했던 生.
이제 다시 변신하여 한 과정을 살아간다
번데기쯤 되어 있을까
제대로 탈바꿈하여 온전한 모습의 성충이 되어야할 텐데
잃어버리고서야 채워지는 것이 있다

세 번째 시집이다
무턱대고 시의 길을 가고 있다 더 할 말이 없다

벽암碧巖을 찾아 나서기로 했다

2014년 봄
이명李溟

차례

제1부 카오스 병동

제2부 벌레문법

제3부 단풍나라

제4부 세한도 바다

| 제1부 |

카오스 병동

근황

장마철 오락가락하던 먹구름 둘둘 말아 빨랫줄에 널었다

빨랫줄을 받치고 있던 서어나무 기둥이 기울고 빨랫줄이 축 처졌다

당신의 잠자리가 축축할까 봐 고르게 펴서 널었다

오전 나절 무더위에 먹구름이 뽀얗게 말라갔다

뽀송뽀송해진 구름

후 불어온 바람 한 줄기에 가볍게 날아올랐다

푸른 하늘 아득히 깔린 솜털구름

이제 당신에게 나의 하루를 보낸다

구두병원에서

만리재 뒷골목 구두병원 나무의자에 앉아 순서를 기다렸다 늦가을 바람이 불었고 낙엽이 날아들었다

내 앞에는 젊은 여인의 샌들이 끈이 떨어진 채 다소곳이 앉아 있었고 또 그 앞에는 내 신발보다 늙은 신발이 순서를 기다리며 쪼그리고 있었다

길 건너편 재개발추진사무소의 간판이 아슬아슬하게 바람에 흔들거렸다

낡은 골목도 뭉개진 지번도 한 구석에 웅크려 있는 개도 모두가 다 신음하는 것들이었다

석양이 삐거덕거리며 철문을 나설 때까지 무릎을 내려다보며 주인은 계속 누군가의 헤진 날을 깁고 있었고 나는 오그라든 실밥을 바람에 날려 보내며 희미한 날들을 생각했다

〉

어둠이 내리고 신발들이 하나둘 어둠 속으로 사라져 갔다
떠나가는 신발 위로 별들이 따라가며 빛나고 있었다

바늘귀

지하철 종각역을 지나며 생각한다
가슴에 상처가 있는 사람들은 모두 귀에 줄을 꽂고 다녀야 한다
바늘이 귀에 실을 길게 늘어뜨리고 있듯
양쪽 귀에서부터 가슴까지 줄을 길게 늘어뜨리고 있어야 한다
헤진 것들은 실밥을 풀어놓고
실밥의 소리에 귀 기울이던 은빛 바늘 하나
귀에 줄을 달고 어둠의 터널 속으로 미끄러져 들어간다
떨어진 것들이 이어지고 헤진 것들이 살아난다
찢어진 것들이 숨을 쉰다
연결된 것들은 모두 가슴이 뛴다
피맛골을 서성이던 왕조의 사람들도
갓끈을 길게 늘어뜨리고 가슴의 소리를 들었다
가슴 속에 실밥투성이인 우리는 서로의 가슴을 들여다보기 시작했다
어둠이 꼬리에 꼬리를 물고 달려가는 지하철에도
귀가 돋아나기 시작했다

긴 줄이 터널 속으로 단숨에 미끄러져 들어간다

곧 어딘가 밝아올 것이다

4B 연필

앉은뱅이책상 서랍을 열자
몽당 4B 연필 한 자루 또르르 굴러 나온다
또랑또랑한 아이가
교실에서 쪼르르 뛰어나오듯 달려 나온다
한 세상 그려내며 훨훨
캔버스 위를 날아다니던 몸이 새카맣다
쥐어보니 엄지와 검지 사이 착 달라붙는다
비릿한 냄새
땟국에 절은 몸이 잊고 지냈던 바다를 실어 온다
수평선이며 파도며 늘 거기 있던 전마선이며 돛대며
돛이 펄럭이는 것이 보인다
하얀 모래사장이 눈부시다
내가 떠나있는 동안
속마음도 새카맣게 탔을 것이다
저 몸에 볏뚜껑 모자를 씌워
다 닳아 토막 날 때까지 함께 뒹굴며
다시 한 번 구성지게 한세상 풀어내고 싶다
블랙홀 속으로 빠져들고 싶다

카오스 병동

벽에 못을 박고 바다를 걸었다
바다는 벽이 되었다
벽에 걸린 바지가 방금 건어 올린 미역 한 줄기처럼 후줄근하다
나는 전마선처럼 벽과 벽 사이에 떠 있다
한 줌의 바다가 벽을 허물고 나를 끌고 간다
천정으로 펼쳐지는 파도는 한 폭의 두루마리다
만조 시간에 두루마리는 가장 둥글게 펴진다
두루마리 위에 수없이 뜨고 지고를 반복하는 별을 나는 읽고 있다
시작도 끝도 없는 혼돈,
크면 멀리 가고 멀리 가면 멀어지고 멀어지면 되돌아오는
지금은 당신을 읽는 시간,
한 줄의 북명 바다가
정맥을 타고 몸 속 깊숙이 흘러들고 있다

자물통 나무

우리가 채워야 하는 것이 장지문뿐이랴

남산 맨 꼭대기
가지는 보이지 않고
오직 자물통으로만 무성하게
세월 따라 물들고 있는
쌍떡잎식물강 연리지나무목 단풍나무과
짝을 이룬 자물통들이 서로가 서로를 채워주고 있다

문은 있는 듯이 없고 없는 듯이 있는
채워서 공중에 매달아야 비로소 열리는 문

서로를 껴안고
나무는 더 없이 포근하게 단풍들고 있다

성에꽃 모니터

유리창에 성에가 돋아났다

불두화 핀 것처럼 방안이 환해졌다

창밖에는 바람이 불고 낙엽이 날아올랐다

매콤하고 생강향이 알싸한

무 종종 썰어 넣고 땅콩도 몇 알 떠 있고

살얼음이 성에처럼 돋아있는

푹 삭은 산골 식혜가 생각났다

성에 꽃잎들이 무더기로 꿈틀거리기 시작했다

동동 떠오르는 밥알 같았다

환희기幻戱記

연암이 열하 장터를 지나다 많은 사람들이 빙 둘러 모여 있는 것이 궁금해 사람들 틈새를 비집고 들여다보니 요술사가 요술을 하고 있었다 요술사의 손바닥 위 좁쌀만 한 물건이 손동작을 통해 주먹만 한 것이 되었다가 부풀어 동이만 한 것이 되기도 하고 물잔 속에 녹아든 종이가 다시 나와 펄럭이기도 하는 것을 보고 신기해 한나절을 보냈다 한다

이삿짐 속에서 내 유년의 노트 한 권이 나왔다

어린 시절 내 머리에는 버즘꽃이 피었었다 온갖 처방에도 그 꽃의 끈질긴 생명력을 나는 이겨내지 못했다 장터에서 요술구경하다 요술사에게 불려나갔다 요술사는 내 머리에 이름 모를 연고를 발라두고 무대 옆에 가만히 서 있으라 했다 요술이 끝나자 감쪽같이 나았다 신기했다

베토벤이 올라온 포구

날달걀 하나를
펄펄 끓는 콩나물 해장국에 터뜨려 넣자
이내 달이 떠올랐다
순식간에 콩나물 위로 하얗게 달빛이 쏟아져 내렸다
만월이었다
물결에 달빛이 출렁이고
새우들이 빠르게 솟아올랐다 사라졌다
뚝배기는 달빛을 데워내고 그 사이사이
노란 음표들이 문풍지처럼 엷게 떨리는 것이 보였다
내 속에서 뭉글뭉글 부풀어 솟구치는 것들을
나는 입김으로 불고 취기로 흥얼대며
몇 개의 음표들을 건져 올리고 있었다
사람들은 빠른 템포로 달빛을 휘저으며 사라져 갔다
한 모금의 달빛을 마시면서
나는 공연히 폴더를 열었다 닫았다
그리운 얼굴들이 물결 위로 떠올랐다 사라졌다
뜨거움을 식혀가며 종점도 없는 문자들을
어둠 속으로 후후 날려 보냈다

부활

명함을 구겨 버린다
한때의 생을 마감한다

앞면에 큼지막이 박힌 우리 글 몇 글자와
뒷면에 팽팽한 몇 줄의 영어
살아서 번뜩이던 날들을 날려 보내며
나는 이제 처음으로 자유로워진다

용도 폐기된 명함이
등을 구부리고 들어앉은 쓰레기통 속에는
누군가 먹다 버린 고구마도 있고
약물에 중독된 벌레도 들어와 벌벌 떨고 있다
모래 폭풍에 날아가던 사막 한 조각도 보이고
부도난 주식도 구겨진 채 처박혀 있다

진즉에 버렸어야 할 껍데기가
고등어 대가리 위에서 푸른 인광처럼 빛나고 있다
〉

통 속으로
경사진 통로를 따라 들어온 햇살과 바람이
버려진 것들과 소통하며 비릿한 세상을 버무리고 있다

명함은 다시 빳빳해진다

초승달

콩코드 광장 하늘에

단두대 맨 위에서 가속도를 내며 떨어지던 것이 박혀 있다

그 주위에 흩어져 있는 빛바랜 마리 앙투아네트 목걸이
다이아몬드

밤새도 비껴간다

분화구를 보았다

조영제 주사를 맞고 뇌 CT 촬영을 했다 내 몸 내부가 샅샅이 투시되고 있었다

순간, 몸이 근질근질하였다 속이 메슥거리며 내부가 부글거리기 시작했다 얼굴이 달아올랐다 팔뚝이며 몸통이며 허벅지까지 둥글게 부풀어 올랐다 크고 작은 동그라미가 온몸을 뒤덮었다 분화구였다 내 속에도 마그마가 끓고 있었구나

응급실의 나는 활화산이었다

콘트라베이스

돌연, 툭 불거져 나오는 것이 있다

베토벤교향곡 제9번 합창의 고른 선율이
고음으로 치달자
가끔 한 번씩 붕붕거리며 튕겨져 나오는 저음

오케스트라에도 올라가지 않는 악기가 있었구나

상고대 낀 새벽 호수에 물안개 퍼지듯
가장 빛나는 곳에서 바닥에 내려앉아 하얗게 배경이 되는

내가 왜 저 소리에 그렇게 귀를 기울이는지

합창 시간에 올라가지 않는 목소리로 슬며시 따라 부르다
고음에 동조하지 못하고 입만 벙긋거린 적이 있었다

어울리지 않는다고 생각하는 저 소리를
파트리트 쥐스킨트는 그의 소설 콘트라베이스에서

저음 악기가 음악에서 제일 중요하다 그러시는데

아직도 저 홀로 바닥을 헤매는 소리

돌연, 툭 불거져 나오는 저 소리가 내 심금을 울린다

템포를 늦추다

PC를 켜면 장구가 나타났다
마우스를 누를 때마다 기다렸다는 듯이 나타났다

아무리 바삐 들어가려 해도
장구나 두드리고 있으라는 장난기

이놈이 지금 수작을 부리는구나
마우스를 누르면 누를수록 그 때마다 장구 소리는 더 커졌다

느린 삶도 삶이라고 그냥 손 놓고 한참을 기다리자
스르르 열리는 아버지의 문

물 같이 살아라

페이스메이커

묘현 폐차장

승용차 한 대 기중기 끝에 매달려 있다

선명한 붉은 페인트, 엷게 패인 빗금들

공중에 올라 잠시 묵상에 잠겨있다

가뿐하게 달리던 날은 가고 뼈대만 남았다

해탈의 시간이 다가오고

맨 처음의 남자가 기억났다

오늘은

너무나 황홀한 꿈의 정원에
밤새 핀 튜립 붉은 꽃보다 더욱 아름다운
당신을 보았습니다

너무나 화려한 메르디안 푸른 잔디
작은 호수가 숲 속 카나리아보다
이름 모를 검붉은 새 황금새보다
더욱 화사한 당신을 보았습니다

삶의 한가운데서
언제나 깨달음으로 다가온 당신이 있어
니모키 트레일 갈대밭엔
그림 같이 포근한 새벽안개 물안개 피어오르고
영롱한 아침이 열리고 있습니다

금빛 찬란한 관을 쓴 이토록 눈부신 오월에
아직 다하지 못한 영원한 사랑
푸른 바다 흰 돛대 끝
한없는 그리움으로 밀려옵니다

공범

저녁 어스름 부엌문 밖
아궁이 속에서
아기 울음소리 같은 어떤 소리가 들렸다

나는 불현듯 한 생명체가 생각났다
뛰쳐나가 보았지만 아궁이 속은 캄캄했다

막장에서
형체도 없이 지워진 하나의 유정란

그날 밤
품속을 뛰쳐나갔다는 새끼 호랑이 한 마리
내가 왜 그를 그렇게 생각하는지

서쪽 하늘에
가물거리는 별 하나
왜 그렇게 바라만보고 있는지

묵주꽃

하늘이 가끔 낮아질 때가 있다

담쟁이 선명한 그림자, 붉은 성당 벽에 검게 드리워졌다

화선지에 먹이 피어나듯이 어둠이 잎의 밖으로 번져나왔다

낮아진 하늘 탓에 잎은 불타듯 빛났고 빛날수록 어둠은 깊고 짙었다

벽에 착 달라붙은 잎이 온 몸으로 감싸 안고 있었지만 어둠은 몸 밖으로 넘쳐흘렀다

제 몸보다 커진 어둠을 벽에 걸어두고 있었다

인내하던 슬픔 사이로 강물이 넘쳐흘렀다

어둠을 먹고 자란다고 했다

| 제2부 |

벌레문법

개복치가 사는 법, 묵비권

죽도시장 개복치에게 묻는다 너, 방사능이 뭔지 아니?

몰라, 그거 절대 비밀이야 이야기해 줄 수 없다구 우리 바다 동네 지금 생기가 돌거든 아무도 건드리지 않아 우리 생사가 걸린 문제라구 아무렴, 절대 말 못하지 메롱!

복어목 개복치과, 학명은 몰라 몰라(Mola mola). 가슴지느러미가 앙증맞다 참으로 오랜만에 만난 개복치 귀한 몸, 조그만 입을 동그랗게 벌린 채 누워있다

개복치집 아지매 왈 방사능 모른다잖아 미친 지랄하고 자빠졌네 묻긴 뭘 물어 그냥 묵고 말지 요즈음 파리 새끼 한 마리 얼씬도 않는다니까

파리 새끼도 안다는 방사능 때문에 영일만 고기들은 살판났고 죽도시장 아지매는 죽어났고

벌레 문법

1. 초횡, 장자익莊子翼

이 세상에는 벌레만 산다 동쪽에는 비늘 있는 벌레[鱗蟲]가 살아 그 중에서는 용이 으뜸이라 하고 남쪽에는 날개 있는 벌레[翼蟲]가 살아 그 중에서는 봉황이 으뜸이고 서방에는 털 있는 벌레[毛蟲]가 살아 그 중에서는 기린이 으뜸이고 북방에는 껍질 있는 벌레[甲蟲]가 살아 그 중에서는 거북이가 으뜸이고 중앙에는 털이 없는 벌레[裸蟲]가 살아 그 중에서는 성인聖人이 으뜸이라 했다 그러므로 붕鵬 또한 벌레라 그러시는데

2. 영지산 나충裸蟲

영지정사 오르는 길, 자벌레 한 마리 줄을 타고 내려와 숲길을 가고 있다 몸을 곧추 세워가며 숲길을 건너고 있다 어깨에 잔뜩 힘이 들어가 있는 절도 있는 모습, 다가오던 거미가 자벌레의 몸짓에 놀라 잽싸게 길을 내준다 또박또박 길을 재가며 제 갈 길을 가고 있는 자벌레의 보행, 허세일 수도 있고 과장일 수도 있는, 한때 내가 그랬다

3. 벌레 속의 벌레

내 속에도 벌레가 살고 있다 망막에도 붙어 있고 달팽이관에도 숨어 산다 전두엽에도 있다 보이는 것들이나 들리는 것들이나 눈빛이나 생각까지 재려든다 작금에는 성충이 된 벌레가 내 속을 가로 질러 다니며 내 마음의 크기를 재고 있다 벌레의 왕성한 활동에 우울증 신경쇠약증 과대망상증까지 내 병력에 추가됐다 한 뼘도 안 될 내 안, 자벌레와 더불어 살고 있다

4. 칠통漆桶

탁! 하는 것은 칠통漆桶의 마음을 깨뜨리는 소리라 했다 세상의 허명을 탐하고 세상의 잇속을 구하는 것으로 가득 차 있어 잠 못 이루는 밤, 내가 재고자 하는 것은 무엇인가 내가 얻고자 하는 것은 또한 무엇인가

능엄경의 보이지 않는 것

보경사 입구 건너편 바닷가
어스름 무렵
대형 수족관 안에는 대게들이 우글거리고
그 위에 작은 수족관 하나 놓여 있다

그 속에
대형 대게 한 마리 홀로 정좌를 하고 있다
누런 장삼을 걸치고 묵상하듯이 유리벽을 바라보고 있다

보이지 않는 것을 보고 있음인지
눈은 감은 듯이 떠 있고 떠 있는 듯 감고 있다

수중 암굴에서
가부좌 틀고 앉아 칩거하던 자세 그대로
비워야 채워진다는 듯
가끔씩 아주 느리게 한 모금의 거품을 게워내고 있다

집게발은 노란 고무줄로 묶어두고 침묵하고 있는

서 묵직함 또는 당당함

물줄기 하나 올라와 입가 거품을 거둬간다
용맹정진 중인 수족관 대게, 들여다볼수록 캄캄하다
뒷산처럼

바다 사용법

나는 지금 북명北冥으로 가고 있다

내 속에 곤鯤이 살아

생각 위에 생각이 포개지고
어둠 위에 어둠이 쌓이고
곤鯤의 날갯짓에 내 속은 물바다가 된다

그 바다에는
여전히 빈 소라가 현을 켜고
바람이 불고
아직도 어린 아이들은 모래를 파고 있다

수평선 위로 무위無爲의 별이 뜨고
무명의 고기들이 목어처럼 흘러 다니는
생각하면 생각할수록 가슴이 두근거리는,

북명北冥으로 가고 있다

벌레 문법 22장, 공벌레

베란다 게발선인장 화분 밑에서 벌레 한 마리 기어 나온다
몸길이 17mm
다섯 개의 마디로 이루어진 거무튀튀한 놈, 절지동물이다
반짝반짝 빛나는 등
거처가 흙속이라는 것이 믿기지 않는다

발끝으로 툭 말을 걸자
이내 몸을 동그랗게 말아 타일과 타일 사이 패인 곳으로 떼구르르 구른다

쥐며느리라는 본명에 아호까지 가진 묘한 놈이다

원숙하다는 말은 둥글어진다는 것인데
휘어져야 온전해지고曲則全 구부러진 것이 곧은 것枉則直이라는
공벌레 한 마리,

오늘 그 실체와 만났다

봉정사 석불

폭우가 그치자 매미가 세차게 울었다
울음의 숲 속에 갇혔다

울음소리도 목청이 터져라 한꺼번에 질러대니 간절했다

사랑을 부르며 매미는 울고
사랑을 찾아 헤매던 매미가 울고
사랑에 눈 먼 매미가 울었다
사랑을 위해 매미는 목이 쉬었다

눈이 퉁퉁 부은 봉정사 석불도
눈이 멀어 보였다
그 앞에 몇 개의 촛불을 태우고 있었다

발길을 옮기다 말고 뒤 돌아보았다
석불은 입가에 미소를 머금은 채
여전히 눈이 멀어 보였다

나는 슬그머니 눈길을 돌렸다
대책 없는 사랑이었다

디오게네스 해변

죽도암 입구, 물속에 검은 덩어리가 보인다

앞뒤를 가늠할 수 없는 주먹만 한 검은색 연체동물 군소, 바위에 바위처럼 붙어있다

서부역 보행자 전용 고가도로 계단 위, 폭염에도 두툼한 검정 외투를 걸치고 꼼짝하지 않고 앉아 있던 사람이 생각났다

바다가 바다가 되기까지 그러했듯이 별이 하늘에 오르기까지 그러했듯이 캄캄하게 묵상 중이다

저 묵상이 오래 되면 바위가 될까 그도 어딘가로 흘러 바다가 되었을까

암자 입구, 묵언 수행중이라는 팻말을 내 멋대로 생각하고 지나친 날들이 부끄러웠다 내 영혼도 슬며시 그 곁에 어둠으로 뭉긋하게 자리 잡는다

군소를 바라보는 시간이 하염없이 길어졌다

벌레 문법, 닭

조류독감 유행한다고 이렇게 호들갑이냐

날개를 달고 날아갈 수도 있었다만
너 같은 족속 보양식에 쓰이려고 날개를 접었다

그것도 그렇지
인삼 한 뿌리에는 대접을 받는가 했다만
황귀 정도는 몰라도 자라나 독사 지네는 무엇이냐
하필이면 또 옻나무냐
정력이 그런 데서 나오는 것인 줄 알았더냐

필시 내 몸덩어리 하나면 족할 것이다만
닭발이나 닭갈비나 닭가슴살이나
초성 좋게 하는 닭모가지나
바람 들고 싶으면 닭날개나
입맛대로 먹었으면 그만이지
독감 한 번 걸렸다고 생매장이냐
살처분이란 또 무슨 말이더냐

〉

한때 나도 새벽을 알리는 품위 있는 족속이었느니
잠자는 너희 조상들 내가 깨웠느니
하늘 무서운 줄 알라

사려니 나충裸蟲

여기는 사려니 숲, 푸른 이끼로 뒤덮인 삼나무 수림 속은 떼까마귀들로 가득합니다 떼까마귀들은 삼삼오오 짝을 지어 날고 걸어 다니고 앉아 있습니다

사람이라고는 보이지 않는 이 원시림 속에서 나는 한 마리 벌레에 지나지 않습니다 어느새 수백 마리 떼까마귀들이 모여든 내 주변은 검정 교복을 입은 학생들로 가득 찬 교정과 같습니다 그러고 보니 수천 년을 산다는 삼나무 교정에서 윤기 나는 검정 빛깔의 옷이 전통이 있어 보이는군요

요모조모 훑어보며 신비한 듯 나를 바라보는 눈빛이 머나먼 안드로메다 별빛을 닮아 있습니다 그래요 지금 저들은 내가 마고의 후예라 하기도 하고 피카디아 벌레가 시조라 하기도 하는 호모 사피엔스 학명을 가진 먹이로서는 불충분한 벌레라고 나를 이야기하고 있는 듯합니다

내 생애보다 내가 태어나기 전의 시간이 훨씬 더 많은 이 숲 속에서 살면서 얻은 작은 지식으로 큰 흐름을 헤아리

려 해서는 안 된다는 말이 오히려 두렵습니다

숲에서 이천삼백 년 묵은 장주의 바람을 맞고 있습니다

소리나무

감포 방파제에서
복어 새끼 한 마리 건져 올리니 배가 빵빵하다
입을 오물거리며 피리 소리를 낸다

한때 나도
대나무 잎을 따 입에 물고 소리를 내며 다녔다
입술을 얇게 벌리고 혀끝을 차면
바람이 잎의 허리를 타고 흐르며 소리가 났다

강가 밭둑에서는 강물이 되어 흘러갔다
숲속에서는 새소리가 되어 날아갔다
바다에서는 만파식적 소리가 났다

바람으로 배를 채운 날에는 바람소리가 났다

복어에게서
만파식적 소리가 들리는 것은
그도 바람으로 배를 채웠기 때문이다

소리나무 한 그루, 내 속에서 자라고 있었다

그리고 우리는 아무 말도 하지 못했다

솔개가 원을 그리며 날고 있다

투구봉 자락 후미진 산촌

돌담 아래서 병아리들은 평화롭다

어미닭이 머리를 흔들며 병아리들을 황급히 대피시킨다

순간, 어미닭이 사라졌다

경보 사이렌도 없이

마조의 백 가지가 모두 틀렸다

유혹, 신화 또는 전설 속으로

하늘바다에 투명 그물이 쳐졌다 무당거미의 유혹이 시작되었다 은사시나무 그늘 벽암정사의 저녁은 한가롭기만 한데 가장 높은 곳을 날던 잠자리가 제일 먼저 날아들었다 갑자기 소식이 끊긴 잠자리를 찾아 얼룩날개모기가 날아오고 요사채를 드나들던 왕파리가 날아오고 호기심 많은 부전나비도 날아왔다 은사시나무 외진 마을에 비상이 걸리고 장수풍뎅이도 나섰지만 그들의 투신은 결국 투명 그물에 걸린 결과로만 받아들여졌다 아드리아드네의 실타래로 엮은 투명 그물이 적중했다 떨어지는 족족 전설이 되었다

그렇게 나도 함께 그 바다에 빠져들었다

참매미

참매미 한 마리 방충망에 매달려
밤새도록 울고 있습니다
가슴이며 옆구리며 아랫배를 들먹이며
두 눈이 퉁퉁 붓도록 온 몸으로 울고 있습니다

사르나트에서
사정없이 내리치던 죽비를 얻어맞은 영혼처럼
울다 울다가 지쳐 목소리마저 쉬었습니다

살며시 다가가 봅니다
밤새 흘린 눈물의 흔적은 하얗게 지워져 보이지 않습니다

울음을 뚝 그친 참매미가
갑자기 날개를 퍼덕이며 맴을 돕니다
앞발을 집고 엉덩이를 들고 온 몸을 흔듭니다
그래요 춤을 추는 것이겠지요
울음이 춤이 된 것이겠지요

아침 햇살 하나가 눈 주위에서 빛나고 있습니다

토룡의 외출

비가 그친 후 지렁이 한 마리 흙을 밀고 나온다 굵기가 어른 손가락만하다 산성계곡 후미진 숲 속, 빛들이 줄지어 서 있다

이목구비도 없이, 앞과 뒤도 구분되지 않는 몸으로 비 개인 후면 어김없이 햇살을 찾아 나온다는 것, 무명 속에서도 다만 온 몸의 감각으로 세상의 변화를 빈틈없이 감지하고 있다는 것

그의 행적을 들춰 봤다 삼국사기에는 꺼깨이라 불렸고 기우제를 지내기 위해 오방토룡제에까지 모셔진 귀하신 몸에다 코코이라는 이름으로 고비 사막에서 몽고군을 공격했다는 이야기도 있었다

그러고 보니 허리에 퇴색한 띠가 선명하게 보인다 천의도 갑옷도 걸치지 않은 맨몸으로 좌우를 살피며 느릿느릿 빛살 사이로 들어서고 있다

〉

열병의 아침 어디선가 북소리가 들려오는 듯하다 곧추선 빛들이 더 꼿꼿이 환하게 그를 맞는다

타클라마칸 철새

타림 강가에 뒹구는
철새들의 둥근 가슴뼈를 보았다

강한 자만이 살아남는다는 타림 강가
저물어가는 먼 하늘로
텐산산맥을 향해 철새들이 새카맣게 떼지어 날아가고 있었다

질서 정연한 새들의 이동
서역을 향해 질주하던 테무친이 앞장서 달려나가듯
한 마리가 맨 앞에서 날고 있었다

노을에 물든 구름이
대오의 무리 앞에 군데군데 붉은 깃발처럼 나부끼고

말발굽에 풀들이 눕듯
새의 날갯짓에 검붉은 먼지 구름이 일었다
〉

타림 강에서 목을 축이고 떠나가는 여정
이 어스름에
어느 먼 곳에 정복할 땅이 있어 새들은 떠나가고 있을까
새들이 떠난 자리 누워있는 풀들이 몸을 가누고 있었다

여전히 강물은 흐르고
어디선가 말의 울음소리가 들려왔다
마른 가슴뼈 속으로 하룻밤 묵어갈 바람의 영혼이 찾아들었다

그 곁, 하늘 게르 속에서 하룻밤 묵어가기로 했다
타클라마칸 모래바람이 더욱 세차게 불어오고 있었다

눈에 불을 켜고 살아야 한다

집 앞으로
요란한 굉음을 내며 석탄 실은 화차가 지나갔다
화차는 낮에도 불을 켜고 지나갔다

눈에 불을 켜기 위해서는 불을 지펴야 한다고 생각했다
해서, 끼니를 때우는 것도
아궁이 깊숙이 불씨를 밀어 넣는 작업이라 생각했다
설익은 밥도 말없이 뜨거울 때 삼켰다
그럴 때마다 얼굴이 달아오르고 가슴이 뛰었다

삶은 궤도 위를 무한히 달려가는 그 무엇이라기에
불현듯 화차가 생각났다
눈에 불을 켜고 살아야 한다는 말씀에는
화차라는 의미가 담겨있는 것이다

나를 이끌던 화차, 이제 눈이 멀어 먹통이다
곧 궤도를 벗어날 참이다
공중부양 할 것이다

중년의 사랑

오동도집 연포탕 2인분에는
세발낙지 두 마리와 모시조개가 들어간다

조개와 무가 익었을 때
수조에서 갓 건져 온 낙지의 머리를 잡고
발끝부터 집어넣는다
열탕에서 낙지가 몸부림치며 발을 비비 꼰다
몸을 뒤틀며 올라온 놈의 허리에
얼굴이 화끈 달아오른 여자가
사정없이 가위를 갖다 댄다
육수도 벌겋게 달아올라 소용돌이친다

여자는
단번에 모든 것을 끝내고 돌아서서
아무 일 없었다는 듯 엉덩이를 흔들며 간다

매번, 그런 사랑이 하고 싶어
가위를 딸깍거리며 간다

유마거울

장독대 간장독 뚜껑을 열어보니 간장은 보이지 않고
한 단지 가득 하늘이 들어 있습니다

엷은 구름 한 장, 헤진 모시적삼처럼 수막에 떠 있습니다

간장 속, 그 속
메주가 푹 삭아 거울이 된 것이겠지요

포대기 냄새가 나는 것이겠지요

깊이를 알 수 없는 당신의 그림자, 눈을 닮았습니다

잎맥만 간신히 남은 이파리 하나 바람에 흘러갑니다

| 제3부 |

단풍나라

개화

베란다 한 구석 게발선인장
저 홀로 꽃을 피우네

겨우내
메마른 화분의 수분을 끌어 모아
줄기 끝마다 붉은 꽃이네

혼신을 다한 흔적
불타는 사랑

축 늘어진 내 몸이
화들짝 깨어나네

고로쇠나무 산부인과

아기를 낳는다고요
하늘병원 산부인과로 오세요
898번 지방도로를 타고 병풍산을 넘어 옥녀봉 가는 길
산기슭에 있는 고로쇠나무 숲
천연 수액으로 수혈도 하고 하늘 약수로 수유를 해요
산새 소리 이슬을 굴리고
산토끼 눈동자 해맑은 아침 해와 동무해요
달빛의 자장가는 또 들어 보셨나요
꽃샘추위가 오기 전 숲의 정기를 받으면
아기는 초롱초롱한 별이 된다지요
수유실에는 키다리 멋쟁이들만 있어요
풍부한 젖 양도 자랑거리지요
순 자연산 막힘없이 나와요
가장 기분 좋은 것은 하늘을 만질 수 있다는 것이에요
목욕을 시키면 아기 주먹 속에
하늘물이 한 움큼 줄줄 흘러내려요

옥색 하늘을 담고 산다는 건 멋진 일이잖아요

아이를 낳는다고요

덩실덩실 춤을 추고 싶어요 어화둥둥어기야디여

까마귀나무 교정

2월에는 막연히 불안해지는 것이 있다

앙상한 가지만 찬바람을 맞고 있는 성판악
아름드리나무에
새카맣게 앉아 있는 떼까마귀들

검정 교복을 입은 학생들이
매서운 칼바람을 맞으며 교정 가득 모여 있듯
가지마다 촘촘히 앉아 한라산을 바라보고 있다

녹산장 앞뜰에서
성판악으로부터 내려오는 바람소리를 묵묵히 듣고 있다
움직임이 없는 것이 무언가를 기다리는 모양이다

한라산 오백장군에게 문안드리고
어승생 단골머리부터 돌고 돌아온다는
영등할망이 나타날 듯
떼까마귀 사이로 세찬 바람이 불어온다

〉

굿판 따라 떼까마귀들이 떠날 것이다

곧 3월이 올 것이다

나무 병동

장사도에서
철사에 몸을 맡긴 나무를 본다

소나무
단풍나무
그 곁에 물오리나무
밑동의 굵기에 비해 나지막한 키

양 어깨를 쭉 펴고
팔을 허리춤에 걸치고
두개골 X-ray 사진 곁에 미소 짓고 있는
성형외과 전단지 광고처럼

잘리고 깎이고 비틀린 모습으로
선반에 올라 있다

실뿌리로 버티고 선 몸이
천의무봉을 꿈꾸고 있다

그래서 봄은 가벼운가보다

엄동설한에
봄은 속을 비운다

봄똥이
들판 여기저기 널려있다
짙은 초록색
펀펀하다

냄새는 풍기지 않지만
그래도 부끄러운 모양이다
눈으로 덮어두고 있는 것을 보면

이제
또 한 계절 가볍게 날아갈 것이다

낙엽 편지

푸른 가지에 나지막이 걸린
노란 유자 열매
사랑방을 밝히고 있다

차가운 바람이 불고 창이 흔들리고
방안 가득 유자향이 그윽하다

아랫목에 드리운 긴 그림자

아버지가 돌아올 무렵
유자는 달덩이처럼 더욱 밝아진다

가슴에 남은 말들 다하지 못하고
낙엽에 새겨둔다

단풍나라

인천대공원 호숫가
나무를 벗어난 잎들이 공중으로 한껏 날아오른다

곧게 뻗은 아스팔트 신작로 위를 내달린다

노랗고
새빨갛고
울긋불긋한 잎들이 한껏 멋을 부리며 달려가고 있다

바람이 등을 떠밀 때는 더욱 신이 난다

내게도 저런 색동 같은 시절이 있었다

쑥 캐러 가자는 말

아내가 느닷없이 쑥을 캐러 가자고 했다

다른 것이면 몰라도
쑥을 캐고 앉아 있는 내 모습이 쑥스러울 것 같아
그냥 혼자 가라고 했다

순간, 내 머리 속으로
별똥별 하나가 어둠을 가르며 스쳐 지나갔다

아이들 뒷바라지에 하고많은 대소사에 툭 하면 자정 넘어 들어오는 남편에 얼마나 힘들었을까

아뿔싸, 쑥을 캐러 가자는 말에는
우울증을 캐내어야겠다는 뜻이 담겨 있다는 것을 진작 몰랐다

사랑이었다
아직은 그런 사랑이 낯설었지만
알고 보니 쑥 향기 같은 사랑이 내 곁에 있었다

앞도 삼삼 뒤도 삼삼

북한산을 오르다
제비꽃이 바위틈에 피어 있는 것을 보았다
반갑게 그의 이름을 호명하자
그는 이내 바이올린을 켜는 몸짓을 했다
한 줄기 음률이 바람을 타고 날아 왔다
어디서 여기까지 흘러 왔는지
바위에 몸을 숨겨 싹을 틔우고
꽃대를 밀어 올려 환하게 자리하고 있었다
그의 눈빛에 끌려 바위에 걸터앉아 하늘을 보았다
종이 세 번 울릴 때마다
아이들이 몰려나오던 내 어린 바닷가 운동장
그러나 짙은 자주색 옷을 입은 아이는
말없이 홀로 책상에 앉아 자리를 뜰 줄 몰랐다
뒤늦게 그가 혼자인 것을 알았을 때
더 이상 그는 그 자리에 없었다
북한산 중턱에서
그의 몸이 기울 때마다 귀에 쟁쟁거렸다

얘, 잠깐 머물렀다 가

무궁화 앞에서

무궁화 꽃잎
하얀 자판을 누르면
꽃술 속 메모리 영역이 열린다

꽃잎 섹터마다
천지화랑이 왕검성을 활보하고
학자들이 집현전을 부산하게 드나들고
때때옷의 선비가 재롱잔치를 벌이고
씨방을 열고 솟아오르는 대신기전도 보인다

하얀 꽃술 속 가만히 귀 기울이면
수나라 대군의 아우성 소리가 들리고
들녘을 내달리는 말발굽 소리며
울돌목 물살 소리, 산성의 화포소리 들린다
독립만세 함성이 들려온다

무궁화 꽃잎 하얀 자판을 꾹 누르면
꽃잎 섹터마다
무명 옷깃이 펄럭이는 것이 보인다

루치아

눈부신 5월에
고운 이슬로 피어난 영롱한 꽃

바람 불어
고요한 설렘에 뜰에 나서니
노란 나비 날아라

초여름 산화를 위하여
천년 긴 하늘 비상하는
작디작은 어여쁜 새여

중독

달마산 중턱
산중에 떨어진 불이화不二花 꽃잎 하나

무심코 손가락으로 비벼 보았다
꽃물은 이내 번져나갔다

검붉은 무늬에서
갑자기 짙은 페로몬 향내가 났다

진한 풀꽃향기
일만부처바위에서 흘러내려왔다는
세심천에 손을 씻었지만

손을 씻으며
몇 번이고 냄새를 맡아보았지만
사라지지 않는 꽃의 향기

내친 김에

부도암 자락 볏짚으로 눈질러 보기도 했으나
이미 퍼져버린 내 몸의 바이러스

할 수 없이
약사여래불의 처방을 기다려보기로 했다

번지다

봉숭아꽃에 올라앉은 물달팽이
봉숭아 꽃물 든다
더 이상 갈 곳 없는 꼭대기에
집을 내려놓는다

두 팔 벌려 허공을 휘저으면
지붕 너머 빛들이 갈라져 흐르고
발등에 물든 꽃물이
서산으로 번지고 있다

꽃잎 밟고 미끄러지다
꽃잎 터져
서산 하늘에 불이 확 붙는다
하늘이 점점 검게 타 들어가고
그을음이 먼 산허리를 감아 흐르면

그리움 하나
안개처럼 피어오른다

정선 수묵화

인사동 뒷골목
칠순을 넘긴 화가가 거침없이 손을 놀린다

떨어지는 햇살들은 쌓여 절벽을 이루고
소나무가 촘촘하게 자라고
바위들이 빼어나다

아침 햇살이 절벽의 그늘을 조금씩 밀어가고 있다
바람이 어린 소나무 가지 끝에서 조곤거린다

닳아 넓적해진 붓이 몇 번인가 지나간 적묵법의 필법으로
갈필과 더불어 어우러진 곳에
만 줄기 계곡물이 뒤질세라 내닫는다

먹은 아직 풍성하다

붓 치는 소리만 정적을 깨뜨리는
중중모리 고고천변皐皐天邊 만폭동도

진경산수화 한 폭, 늦은 아침 햇살에 눈부시다

서까래 등뼈

가송리 고택은 향유고래다
지붕에 조개껍데기 같은 희끗희끗한 반점들이 보인다
대청마루에 누운 나를 서까래가 감싸고 있다

서까래 사이로
옛사람들이 물결처럼 떠올랐다 사라진다

그립다는 생각에
서까래가 한껏 부풀어 오른다

살점은 곰삭아 뼈들만 골격을 갖춘 고택

여러 갈래의 등뼈들이 대청마루를 내려다보고 있는
하실 말씀이 따로 더 없는 중심에는
적선積善,
그림자만 살고 있다

미처, 한 끼의 영양도 되어드리지 못하는 내가

그 속에서 발효되고 있다

몸을 뒤척여보지만
드릴 말씀은 따로 더 없이
그러나
등뼈의 굴레는 한없이 포근하다

우듬지 꽃나라

트럭이 오고 사람들이 내리고 사다리가 올라가고 전기톱 소리가 난다
대학로 플라타너스 웃자란 우듬지가 잘린다
옆가지들이 잘리고 나무는 육면체가 된다
잘린 나무는 토르소처럼 서 있다
각진 삶, 그늘도 모가 나 있다

나무는 우듬지를 뿌리로 내려 보내고 있다
내부는 넓어지고 서서히 깊어진다
사각형 그늘 속에 잎들을 묻고 밑동만 봉긋하다
뿌리 끝에서 홍건하게 피어나는 우듬지, 나는 그 꽃의 이름을 알지 못한다
다만 땅속에 무위의 바다가 있다 한다

검정알나무 울타리를 생각한다

밤 9시, 여자의 울부짖는 소리가 들려온다 촘촘한 검정알 나무 울타리 밖까지 들린다 쥐들도 소리 따라 나무 밑을 빠져나간다

검정알나무 연한 잎들에도 연둣빛 이슬이 맺혀 있다

나무도 싹을 틔우며 근본을 생각했을 것이다 단단히 땅에 뿌리 내리고 싶었을 것이다 여자의 소리가 울타리 밖으로 새어 나가지 못하게 두 팔을 벌려 단단히 잡아두었을 것이다

수대에 걸쳐 경계를 지켜온 나무의 열매가 쥐똥 같다는 소리는 듣고 싶지 않았을 것이다 쥐들이 드나들 수 없게 했을 것이다 새카만 열매 속에 사내의 바람기와 여자의 소리를 꽁꽁 묶어 두었을 것이다

막춤

강화 수로 갈대숲
늦가을 바람은 그 숲에서 무도회를 연다

바람이 고개를 수그린 채 연주하는 갈대숲에서는
물도 결을 이루어 손을 흔들고
간혹 어디선가 휘파람 소리도 들린다

바람의 손이
허공을 휘 저어 하늘 바닥에 닿으면
피노키오 풍선처럼 무당거미가 막춤을 춘다
개똥벌레 엉덩이를 흔든다

어느 가슴을 향한 몸부림처럼 숲은 일제히 눕는다

그 무도회에서
나는 강화 바람의 절절한 몸놀림을 보았다
그 바람과 함께 춤을 추었다

| 제4부 |

세한도 바다

매물도 가는 길

여객선 뱃머리가 바다의 등을 가르며 달렸다 얇게 열리는 바다, 속살이 드러났다 어떤 신음 소리 같은 것은 들리지 않았다 한 겹 벗겨진 속살 위로 포말이 일었다 그곳은 꽃밭이었다 이랑이 보이고 이랑마나 안개꽃보다 하얀 꽃들이 수없이 솟구치고 있었다 소풍 나온 아이들처럼 꽃들은 공중에서 신나게 부딪치며 부서지고 흩어졌다 한 점 미련도 없이 내 어깨 위로 쏟아져 내렸다 꽃비잖아요 배는 바다의 중심을 가르며 달렸고 나는 이랑 너머 수평선을 바라다보았다 아득히 멀어져간 것들이 떠올랐지만 그 바다에서 나는 그것을 기억해 내지 못했다 하얀 꽃길만 끝이 없었다 바다 속에 꽃길이 있었다 그 길을 걸어가고 싶었다

동해 환승역

환승열차를 기다리며 바람처럼 서 있는 종착역의 모습은 수수하다 죽도시장역, 거기에는 사람보다 많은 고기들이 있다

둘러보니 농어 민어 우럭들이 오징어와 함께 대형수족관에서 유유자적하고 있다 바닥에 배를 깔고 묵상 중인 도다리도 보인다 도포를 깔고 앉은 듯 문어는 좌판 바닥에 펑퍼짐하게 앉아 순서를 기다린다

어느 곳에서도 태어난 이유를 알려 하지 않고 삶에 연연하지 않으며 죽음을 의식하지도 않는, 변하여 무엇이 되더라도 변화를 기다리는 죽도시장역에서 나는 방어의 깊고 푸른 눈동자와 마주쳤다 그 눈빛 가물가물한 소실점 끝에는 또 얼마나 많은 기억들이 있는지

사람들은 게처럼 골목을 지나다니고 갈매기 때때로 찾아와 문안 인사하는 동구 밖 하늘가 길은 거기로 뻗어 있을 것이다

〉

바다가 천천히 이동하고 있다 환승이 다가오는 시간 새벽이면 또 얼마나 대합실이 붐빌까

무의도

저 멀리
팔미도 등대가
외따로 하얗게 서 있는 것은
무의舞衣에 홀려 넋이 나간 때문이다

섬 허리를 휘감아 두른 바다 안개
하늘거리는 사포 자락
화관무 고운 춤에 물결이 일고

그 물결
팔미도 해변을 적실 때
등대는 비로소 제 몸의 등불을 켠다

혹여 네게 무슨 일이 있을까 봐
불을 켜고 먼 바다를 살핀다
너를 호위한다
천상의 여인일까 너는,

〉

팔미도 등대가
황량한 어둠에도 꿋꿋이 서 있는 것은
오로지 네가 거기 있기 때문이다

사랑하기 때문이다

마음도 아니고 부처도 아니고 외물도 아니어서

모항도
달빛 푸른 밤바다 그늘에서
번뜩이는 불의 난장을 보았다
영혼들이 번뜩이며 춤을 추고 있었다

용등龍燈이 시퍼렇게 발광하는 가장무도회
나는 급히 바위에 몸을 숨겼다

먼 바다에서
물결에 숨어 오는 놈을 포착하기 위해
초음파모터가 달린
150mm 고화질 망원 줌 카메라를 들이 대자
파도가 카메라 렌즈를 단숨에 덮어 버렸다

그 섬에서 나는
마음도 아니고 부처도 아니고 외물도 아니었다

* 용등龍燈 : 바다 속의 인광이 등불처럼 잇따라 나타나는 현상.

세한도 바다

대정리 앞 해변,
내가 손짓하자 바다는
그 몸을 감아 구르며 달려왔다
하얗게 부서지며
빠르게 내 발을 적시고 지나갔다
얇고 투명했다

발이 시렸다

한 줄기 바다가 내 혈류를 타고 흐를 때
바다는 두루마리처럼 펼쳐졌다

메마르고 거친 예서체의 필치
그의 붓끝 온기가 내 몸을 데웠다

순간, 내 몸은 날아갈 듯 가벼워졌다
그 바다를 접어 내 안에 두기로 했다

무인도로 가는 이유

하추자도에서도 뱃길로 30분
사자섬 허리 한쪽 끝 절벽 아래 시퍼렇게 물이 맴돌고
있었다

그 속에 또 하나의 미궁이 있을 것만 같았다 릴을 풀어
던져 넣었다 어떤 전갈이 초릿대 끝을 타고 전해올 것을
기다리며 밑밥을 쉴 새 없이 던져 넣어 주었다 크릴새우의
향에 물결은 더욱 힘차게 소용돌이 쳤다 솟구치던 중심이
갑자기 잠잠해졌다 침묵이 흐르는 사이 어떤 미세한 움직임
이 감지되었다 순간 초릿대가 곤두박질쳤다 크레타의 왕인
듯 소대가리에 걸린 듯 한동안 꼼짝하지 않았다

팽팽한 아리아드네의 실 끝으로 해무가 몰려오기 시작했다

곧 테세우스가 올라올 것이다
인질들이 줄줄이 구출될 것이다

나는 구원 받을 것이다

카페 아모르

적도에는
붉은 줄이 그어져 있는 줄 알았다

아카풀코 해변,
테라스에는 용설란이 피고 있었다

노천카페
탁자 위에 올라온 데킬라 한 잔
투명 잔 속이 적도 바다를 닮았다

목구멍을 태워버린 한 모금의 바다

해를 토해낸 바다에는
수평선이 보이지 않았다

한 모금의 바다가 가슴을 데워버릴 때
뜨거운 것은 선線을 지워버렸다

그 카페에서 나는 경계를 잃었다

승천호 대합실

어깨가 떡 벌어진
암갈색 대왕 넙치 한 마리
수조 바닥에 배를 깔고 있다
두 눈만 껌뻑이며 의연한 자세로 버티고 있다
이곳이 어디라는 걸 눈치 채고 있는 듯하다

오랜만에 좁은 가게가 분주하다
부르는 게 값인 자연산이라
여자가 고무 앞치마를 두른 채
수조 앞에 버티고 서서 죽음을 호객한다

삶의 종점은 승천호, 대기 순번 1번이다
옆 대야의 새끼 넙치와 우럭 멍게 해삼 몇 마리
함께 동행시키려 흥정한다

천진스럽게
다리 하나 쭉 뻗고 기어 나오는 낙지 한 마리
덤에 포함되는 순간

대왕 넙치 눈과 내 눈이 마주쳤다

여자의 신바람 소리, 기적 소리 같았다

운명 교향악

먹구름이다
구름떼가 이동하고 있다
오후 4시 30분 한탄강에 비로소 비가 내린다

점점 거세지는 빗줄기
빗방울이 대지를 박차고 마구 튀어 오른다
널브러진 것들이 씻겨 내려간다

내게 쏟아지는 거센 음률
삶은 그렇게 하릴없이 빈둥거리는 것이 아니라고
제1악장 제1주제 4음이 막, 내 앞에서 튀어 오르고 있다

땅으로 사라지기 전, 스며들기 전
용수철처럼 튀어 올라야 한다고

고석정에서
비는 내게 몸으로 보여주고 있었다
격정의 선율이었다

막사발

천년의 비밀전이다
막사발 하나 붉은 카펫 위에 올라있다

어둠 속 조명을 받고 있는 막사발
누르스름한 색채

단번에 휘 돌렸을 것 같은
도공의 거친 손자국이 깊숙이 남아있다

태토 반죽 같은
질퍽한 한 끼의 밥이 그림자로 남아있는

입가를 자세히 들여다보니 눈물자국이 보인다

내 안으로 막사발이 들어오기까지
내가 어둠을 빠져나오기까지

나는 또 얼마나 더 깊어져야 하는지

분강 섬여蟾蜍*

나는 낮은 울대를 가지고 태어났다
습관적으로 말을 삼간 탓에
성대가 다듬어지지 않아 말을 할 때마다
목청이 갈라졌다
저녁마다 귀먹바위 뒤뜰에서
개구리들이 와글와글 사서삼경을 욀 때도
모름지기 입을 다물고 있으라
채근담이 그러시기에 나서지 않았다
흙 무늬 옷을 걸치고
가끔 짧고 굵은 한마디로 무게를 잡아보지만
노을이 붉게 밀려와도
달이 휘영청 처마 밑으로 내려와도
한마디 저음으로 일관하는 저 묵묵함이
우주를 닮았다 하겠는가
목청이 터져라 경을 외는 개구리들 틈에서
남루한 몸이
미성美聲을 가졌다 하겠는가
그냥 듣는 재미에 푹 빠져들기로 했다

* 섬여 : 두꺼비.

마조의 바다

학꽁치 떼가 몰려왔다
모항도 앞 바다, 햇살이 쏟아졌다

은빛 지느러미가
한 무리의 별처럼 하늘거렸다

학꽁치 떼들은 삼삼오오
서로 몸을 비벼대며 마냥 좋아라
햇살 한 움큼 입에 물고 다녔다

그늘은 모감주나무 그늘이 좋았다
물속, 모감주나무 그늘 속으로
고요히 한 무리의 은하수가 흘러갔다

내 그림자 잠깐 어른거리자 고기들은
순식간에 사라졌나
일시에 온데간데없었다

저 여백은 또 무엇인가

단원檀園이 올라온 냇가

담비 한 마리 물위에 누워
빙그르르 돌며 헤엄치고 놀고 있는 사인암 내川는
한 권의 화첩이다

흐드러진 갯버들 그늘 아래
냇물이 여울을 이루며 머무는 곳에서
담비는 흘러가는 구름과 벗하며 유유자적 붓을 치고 있다

한 장 한 장 흘려보내는 물결 문양 화선지

등의 털이
유연하게 펴졌다가 한 쪽으로 쏠리면 숲이 생겨나고
발바닥을 치고 돌면
바위가 겹겹이 솟아올라 병풍을 이룬다
튀어 오르던 물방울은 수면에 내려 잡풀이 된다

중봉필법中鋒筆法의 물살,
여기저기 흩어진 먹점은 옅고 짙은 나뭇잎이다

먹선이 머물다 길게 뻗은 절벽 위에 소나무 한 그루 뿌리 내린다

묵향 그윽한 병진년 화첩,
여백으로 빛이 쏟아지고 있다

대평리 그 여자

대평리 그 여자는 빙어를 잘 먹는다
물미역, 초장에 찍어먹듯 먹고는
입술을 한 바퀴 혀로 닦아내면 그만이다

입맛은 입술을 닦아내는 행동에서 다시 살아나는데
그 때 손가락놀림이 더욱 민첩해진다

눈이 크고 깊은
그 여자 눈을 가만히 들여다보면 아프리카 초원이 보인다
초원을 몰려다니는 누 떼가 보인다
암사자의 질주에 방향을 잃어버린 한 마리의 누

엄지와 검지 사이에서
파르르 떨고 있는 대평리 바람이 사막 바람을 닮아있다

초원 속으로
눈부처 하나 깊숙이 침수하는 것이 보인다

그 여자 입술은 맵다

동해부인

양양 바닷가
백사장 뒤 소나무 숲 속
외딴집 뜰 수조에서
붉은 형광불빛을 받고 있던 여인
단단한 몸매는 여전했다
속살도 불그스름하게 상기되어 있었다
무슨 말을 할 듯도 했지만
끝내 입을 열지 않은
검은 풀색의 여인을 나는 잊을 수가 없다

양수리에서

산중 깊은 계곡 어두운 바위틈에 탯줄을 묶어두고 먼 길 돌고 돌아 서서히 흘러 왔네 두 물이 만나는 곳에 머리가 있었네

남쪽과 북쪽에서 비스듬히 흘러온 물은 거기서 한참동안 맴돌고 있었네 서로의 몸을 비비며 온기를 느끼고 거칠게 굴러온 생을 이제는 이야기하고 있었네 따뜻한 숨결이 수면 위로 피어올랐네 긴장이 풀리고 막 시장기가 들기 시작했네 공복이었네

서로 부딪치며 쿵쾅거리며 어느 곳에선가 왁자지껄한 소리가 들릴 것도 같았지만 그런 소리는 들리지 않았네 거기 머리맡에 치렁치렁 연꽃이 피어나고 연밥이 익고 있었네 밥 타는 냄새가 나는 듯도 했지만 기다림은 없었네 생각이 깊은 것 같았네

소꿉친구마냥 손을 마주잡고 유유히 생의 안쪽으로 걸어가고 있었네 뒷모습이 아름다웠네

서어나무 대웅전

광릉 숲속 하늘은 맑았다
서어나무 꼭대기에서 목탁소리가 들려왔다
숲에서는 전단향 냄새가 났다

그러나
아무리 올려다봐도 까막딱따구리는 보이지 않았다

세상의 허명을 탐한 세월만 흘러갔다
번뇌가 가슴 깊이 쌓여 돌부처처럼 서러웠다

서어나무 목탁소리가
까맣고 캄캄한 내 속을 깨뜨리고 있었다

수우도에서

문득, 내 몸에
많은 점들이 생겨난 것을 보았다

작은 점들은
색깔이 옅은 것과 짙은 것과 어렴풋한 것들로
여름 밤하늘의 별과 같았다

자세히 보니 붉은색을 띠고
이제 막 태어나는 점들도 보였다

점 하나, 하나마다
생명체가 꿈틀거리는 것이 보였다

어느덧 내 몸도 하늘을 닮아 있구나
너도 한 개 별로 떠 있구나

|해설|

우주의 율동에 공명共鳴하며 유장히 흐르는

— 이명의 시세계

고명철 | 문학평론가, 광운대 국문과 교수

우주의 율동에 공명共鳴하는 시의 매혹이 어떤 것인지 애써 설명할 필요가 있을까. 그 시의 매혹은 인간의 언어를 매개로 한 예술적 표현의 힘을 기반으로 했을 뿐 어느 순간 예술의 경계를 자유자재로 넘나들면서 그 경계를 뒤흔들고 무화시키는 우주의 율동 그 자체라 해도 과언이 아니다. 이명 시인으로부터 발산되는 시의 매혹을 이해하기 위해서는 이 점을 쉽게 지나쳐서 곤란하다.

강화 수로 갈대숲
늦가을 바람은 그 숲에서 무도회를 연다

〉

바람이 고개를 수그린 채 연주하는 갈대숲에서는
물도 결을 이루어 손을 흔들고
간혹 어디선가 휘파람 소리도 들린다

바람의 손이
허공을 휘 저어 하늘 바닥에 닿으면
피노키오 풍선처럼 무당거미가 막춤을 춘다
개똥벌레 엉덩이를 흔든다

어느 가슴을 향한 몸부림처럼 숲은 일제히 눕는다

그 무도회에서
나는 강화 바람의 절절한 몸놀림을 보았다

그 바람과 함께 춤을 추었다

—「막춤」 전문

갈대밭을 이루는 강화 수로 사이로 바람이 들고 난다. 바람에 의해 갈대는 누웠다 일어났다 쓰러지며 몸을 비비는 소리를 내고, 갈대숲의 그 울음에 강화 수로를 들고 나는 "물도 결을 이루어 흔들리"면서 강화 수로의 모든 것들이 자연스레 흔들리며 공명한다. 이 갈대밭의 율동은 "허공을 휘 저으며 하늘 바닥에 닿는" 무당거미의 "어느 가슴을 향한 몸부림"의 '막춤'으로 절정을 이룬다. 때문에 시인은 강화수로의 이 율동이 절로 생성하고 있는 '천지귀신감동天地鬼神感動'에 이끌려 밤늦도록 불어대던 휘파람 소리에도 흔들리고 싶다고 고백한다. 기실 무당거미의 '막춤'이야말로 세계-내적-존재로서 시인의 현존을 형상화한 것과 무엇이 다른가. 이명 시인은 무당거미의 '막춤'처럼 자신의 전존재를 우주의 율동에 공명하는 삶을 욕망하는 것이다. 이러한 욕망은 여름 한 철 삶의 모든 것을 걸고 울어대는 참매미의 울음소리와 지상을 향해 사정없이 퍼붓는 빗소리 또한 우주의 율동으로 전도시키는 다음과 같은 시에서도 어렵지 않게 읽을 수 있다.

> 울음을 뚝 그친 참매미가
> 갑자기 날개를 퍼덕이며 맴을 돕니다
> 앞발을 집고 엉덩이를 들고 온 몸을 흔듭니다
> 그래요 춤을 추는 것이겠지요
> 울음이 춤이 된 것이겠지요
>
> —「참매미」 부분

> 내게 쏟아지는 거센 음률
> 삶은 그렇게 하릴없이 빈둥거리는 것이 아니라고
> 제1악장 제1주제 4음이 막, 내 앞에서 튀어 오르고 있다
>
> —「운명 교향악」 부분

이명 시인의 이러한 시의 매혹은 그의 심상이 어떻게 포착되고 있으며, 이에 대한 미적 체험의 비의성을 해명해준다. 우주의 율동에 공명하기 위해서는, 우주의 뭇존재들이 제각기 이뤄내는 불협화음을 시인의 섬세한 미적 체험을 통해 그 불협화음 사이에 존재하는 어떤 모종의 리듬을 귀신같이 잡아채어야 한다. 이것이 바로 천지귀신을 감동하는 우주의 운율에 절로 공명하는 시인의 비의적 능력이다.

담비 한 마리 물위에 누워
빙그르르 돌며 헤엄치고 놀고 있는 사인암 내川는
한 권의 화첩이다

흐드러진 갯버들 그늘 아래
냇물이 여울을 이루며 머무는 곳에서
담비는 흘러가는 구름과 벗하며 유유자적 붓을 치고 있다

한 장 한 장 흘려보내는 물결 문양 화선지
〉
등의 털이
유연하게 펴졌다가 한 쪽으로 쏠리면 숲이 생겨나고
발바닥을 치고 돌면
바위가 겹겹이 솟아올라 병풍을 이룬다
튀어 오르던 물방울은 수면에 내려 잡풀이 된다
〉

중봉필법中鋒筆法의 물살,
여기저기 흩어진 먹점은 옅고 짙은 나뭇잎이다
먹선이 머물다 길게 뻗은 절벽 위에 소나무 한 그루 뿌리 내린다

묵향 그윽한 병진년 화첩,
여백으로 빛이 쏟아지고 있다

나는 한 마리 해오라기가 되어 그 물가에 서 있었다

—「단원檀園이 올라온 냇가」 전문

단원의 화첩 속 그림 한 점이 눈 앞에 펼쳐진다. "담비 한 마리 물위에 누워/빙그르르 돌며 헤엄치고 놀고 있는" 것을 그린 단원의 그림을, 시인은 "한 장 한 장 흘려보내는 물결 문양 화선지" 위에 "흘러가는 구름과 벗하며 유유자적 붓을 치고 있"는 것으로 형상화한다. 그러면서 시인은 아주 섬세히 담비의 유영遊泳을 단원 못지않게 그의 유려한 시의 감각으로 포착한다. 물에 적셔진 담비의 털 모양으로부터 "숲이 생겨나고", 담비의 물장난으로부터 "바위가 겹겹이 솟아올라 병풍"을 이루고, 심지어 담비의 물장난에서 "튀어 오르던 물방울"은 "잡풀이 된다"고 노래한다. 어디 이 뿐인가. 그림을 그리다가 "여기저기 흩어진 먹점"은 "나뭇잎"으로, 먹선은 "소나무"로, 그리고 동양화의 또 다른 아름다움인 "여백으로 빛이 쏟아지고 있다"고 시인의 심미안은 노래

한다. 여기서 우리는 이 모든 우주의 율동과 리듬을 시의 화자가 "한 마리 해오라기가 되어 그 물가에 서 있었다"는 데서, 한층 절묘히 이 모든 것들과 자연스레 어우러져 있는, 즉 시인의 물아일체物我一體의 미적 체험을 감지할 수 있으리라.

그런데, 이명 시인이 육화하고 있는 이러한 미적 체험에서 우선 주목해야 할 것은 생의 환희이며 그 속에 함의된 생의 숭고성이다.

> 저녁 어스름 부엌문 밖
> 아궁이 속에서
> 아기 울음소리 같은 어떤 소리가 들렸다
>
> 나는 불현듯 한 생명체가 생각났다
> 뛰쳐나가 보았지만 아궁이 속은 캄캄했다
>
> —「공범」 부분

시적 화자인 '나'는 환청을 듣는다. 캄캄한 "아궁이 속에서/아기 울음소리 같은 어떤 소리"를 듣는다. 물론, 이 환청은 환시와 포개진다. 그래서 현실계에서는 분명 불을 지피지 않은 어두운 아궁이 속인데, 시인의 상상 속에서는 아궁이 속 적요寂寥와 냉기를 서서히 몰아내는 불이 지펴지고 이내 불길이 홧홧 타오르는 일련의 과정 속에서 현실계와 상상이 서로 섞이는 시청각을 "한 생명체"로 드러난다. 그렇다면, 이 시에서 아궁이는 생명체를 잉태하고 낳는 우주의 자궁의 몫을 수행하고 있는 신화적 상징의 표상인 셈이다. 우리는 이 신화적 상징의 표상이 시인의 일상 속에서 숭고성을 겸비하고 있는, 다시 말해 성속일여聖俗一如의 가치를 지니고 있다는 것을 소홀히 여겨서 안 된다. 그래서 이것은 새로운 생명이 탄생하되, 낡고 퇴영적인 것을 정화시킴으로써 말 그대로 다시 새로운 생명의 가치를 지닌 역할을 수행한다.

명함을 구겨 버린다
한때의 생을 마감한다

앞면에 큼지막이 박힌 우리 글 몇 글자와
뒷면에 팽팽한 몇 줄의 영어
살아서 번뜩이던 날들을 날려 보내며
나는 이제 처음으로 자유로워진다

용도 폐기된 명함이
등을 구부리고 들어앉은 쓰레기통 속에는
누군가 먹다 버린 고구마도 있고
약물에 중독된 벌레도 들어와 벌벌 떨고 있다
모래 폭풍에 날아가던 사막 한 조각도 보이고
부도난 주식도 구겨진 채 처박혀 있다

진즉에 버렸어야 할 껍데기가
고등어 대가리 위에서 푸른 인광처럼 빛나고 있다

통 속으로
경사진 통로를 따라 들어온 햇살과 바람이
버려진 것들과 소통하며 비릿한 세상을 버무리고 있다

명함은 다시 빳빳해진다

—「부활」 전문

시적 화자는 "처음으로 자유로워진다"고 선언한다. 기존 자신의 존재를 애써 증명해보였던 명함과 연루된 온갖 사회적 구속으로부터 스스로 놓여났기 때문인데, 이 자기해방은 다름아니라 명함을 쓰레기통 속에 버림으로써 가능했다. 그리고 새롭게 정화된 또 다른 시적 화자가 신생의 징후를 보인다.

쓰레기통 속에 버려졌던 "용도 폐기된 명함이" "등을 펴며 다시 빳빳해지기 시작한" 것이다. 이렇듯 쓰레기통은 '폐기와 신생', '버려짐과 소생'의 권능이 일어나는 성속일여의 가치를 띤 우주의 자궁으로서 손색이 없다.

그런데, 생각해보면, 이명 시인에게 삶의 환희와 숭고성을 향한 시적 욕망은 "아직 다하지 못한 영원한 사랑"(「오늘은」)과 깊이 결부돼 있으며, 이것은 사랑하는 것들을 향한 시인의 "대책 없는 사랑"(「봉정사 석불」)의 진정성이다.

환승열차를 기다리며 바람처럼 서 있는 종착역의 모습은 수수하다 죽도시장역, 거기에는 사람보다 많은 고기들이 있다

둘러보니 농어 민어 우럭들이 오징어와 함께 대형수족관에서 유유자적하고 있다 바닥에 배를 깔고 묵상 중인 도다리도 보인다 도포를 깔고 앉은 듯 문어는 좌판 바닥에 펑퍼짐하게 앉아 순서를 기다린다

어느 곳에서도 태어난 이유를 알려 하지 않고 삶에 연연하지 않으며 죽음을 의식하지도 않는, 변하여 무엇이 되더라도 변화를 기다리는 죽도시장역에서 나는 방어의 깊고 푸른 눈동자와 마주쳤다 그 눈빛 가물가물한 소실점 끝에는 또 얼마나 많은 기억들이 있는지

사람들은 게처럼 골목을 지나다니고 갈매기 때때로 찾아와 문안 인사하는 동구 밖 하늘가 길은 거기로 뻗어 있을 것이다

바다가 천천히 이동하고 있다 환승이 다가오는 시간 새벽이면 또 얼마나 대합실이 붐빌까

—「동해 환승역」 전문

삶과 죽음에 초연한 가운데 "변하여 무엇이 되더라도 변화를 기다리는 죽도시장역에서" 마주친 "방어의 깊고 푸른

눈동자", "그, 눈빛 가물가물한 소실점 끝"에 보일락말락 자리하고 있는 "기억들"로부터 시인은 온통 물비린내 투성인 "그리움"의 냄새를 맡는다. 대관절 무엇을 향한 그리움일까. 어떤 것들에 대한 기억일까. 짐작컨대, 이것은 "마른 가슴뼈 속으로 하룻밤 묵어갈 바람의 영혼이 찾아들"(「타클라마칸 철새」) "쑥향기 같은 사랑"(「쑥 캐러 가자는 말」)을 지닌 존재를 향한 그리움이며 기억이 아닐까. 가령, 「대평리 그 여자」의 여자와 같은 존재가 아닐는지…….

대평리 그 여자는 빙어를 잘 먹는다
물미역, 초장에 찍어먹듯 먹고는
입술을 한 바퀴 혀로 닦아내면 그만이다

입맛은 입술을 닦아내는 행동에서 다시 살아나는데
그 때 손가락놀림이 더욱 민첩해진다

눈이 크고 깊은
그 여자 눈을 가만히 들여다보면 아프리카 초원이 보인다
초원을 몰려다니는 누 떼가 보인다
암사자의 질주에 방향을 잃어버린 한 마리의 누

엄지와 검지 사이에서
파르르 떨고 있는 대평리 바람이 사막 바람을 닮아있다
〉

초원 속으로
눈부처 하나 깊숙이 침수하는 것이 보인다

그 여자 입술은 맵다

—「대평리 그 여자」 전문

대평리의 여자는 우리 주변에서 흔히 마주하는 여자와 다르다. 무엇보다 그의 눈이 현저히 다르다. 그의 깊고 큰 눈에는 태곳적 우주 창생의 기원을 고스란히 간직한 "아프리카의 초원"이 어려 있다. 이 초원의 풍경은 정태적이지 않다. 대신 "초원을 몰려다니는 누 떼가" 있고, 암사자의 사냥감으로 생의 길을 가늠하지 못한 "한 마리의 누"가 안타깝게 그 생을 마감할 준비를 한다. 거역할 수 없는 정글의 법칙이 잘 지켜지는 삶과 죽음의 역동적 파노라마가 대평리 여자의 눈 속에서 펼쳐진다. 그리고 이내 시인은 그 눈 속에서 "눈부처 하나 깊숙이 침수하는 것"을 본다. 그렇다. 이 모든 피비린내 섞인 아프리카 초원의 삶과 죽음의 파노라마는, 다시 강조하건대, 우주의 거스를 수 없는 생동감 넘치는 리듬이며, 이 자연스러운 생의 고통을 동반하는 우주의 율동 그 자체야말로 불가佛家의 진실이다. 따라서 시인은 대평리 여자의 눈 속에서 생을 추구하는 데 힘겹게 따르는 그 모든 것들과 연루된 것을 향한 애타는 그리움과 이 과정에서 반추되는 기억을, "눈부처"의 시적 표상으로 드러낸다.

사실, 이명 시인의 이러한 시작詩作을 온전히 이해하기 위해서는 시인으로서 "나는 또 얼마나 더 깊어져야 하는지"(「막사발」)에 깃든 성찰과 그 수행을 주목해야 한다.

3. 벌레 속의 벌레

내 속에도 벌레가 살고 있다 망막에도 붙어 있고 달팽이관에도 숨어 산다 전두엽에도 있다 보이는 것들이나 들리는 것들이나 눈빛이나 생각까지 재려든다 작금에는 성충이 된 벌레가 내 속을 가로 질러 다니며 내 마음의 크기를 재고 있다 벌레의 왕성한 활동에 우울증 신경쇠약증 과대망상증까지 내 병력에 추가됐다 한 뼘도 안 될 내 안, 자벌레와 더불어 살고 있다

—「벌레 문법」 부분

세상의 허명을 탐한 세월만 흘러갔다
번뇌가 가슴 깊이 쌓여 돌부처처럼 서러웠다

서어나무 목탁소리가
까맣고 캄캄한 내 속을 깨뜨리고 있었다

—「서어나무 대웅전」 부분

시인의 성찰은 혹독하다. 시적 화자의 몸 구석구석에는 "벌레가 살고 있다". 벌레의 꿈틀거림은 육신에 이르지 않는 곳이 없을 정도로 시적 화자는 벌레에 점령된 식민지로

전락해 있다. 아니, 사정이 이 정도면, 시적 화자와 벌레를 구분할 수 없는 지경에 이르렀다고 보는 게 솔직하다. 시적 화자의 정신마저 "벌레의 왕성한 활동에 우울증 신경쇠약증 과대망상증까지"(「벌레 문법」) 겹쳐 시적 화자와 벌레가 혼재돼 있는 형국이다. 어찌하여 이런 지경에 이르렀을까. 그래서 시인의 뼈저린 성찰이 예사롭지 않다. 그것은 "세상의 허명을 탐한 세월"을 살면서, "번뇌가 가슴 깊이 쌓여 돌부처처럼 서러웠"기 때문이다(「서어나무 대웅전」). 그동안 "나를 이끌던 화차, 이제 눈이 멀어" "곧 궤도를 벗어날 참" "공중부양 할 것"이기 때문이다(「눈에 불을 켜고 살아야 한다」). 그렇다면, 이제 시인에게 간절히 요구되는 것은 무엇일까.

> 여러 갈래의 등뼈들이 대청마루를 내려다보고 있는
> 하실 말씀이 따로 더 없는 중심에는
> 적선積善,
> 그림자만 살고 있다
>
> 미처, 한 끼의 영양도 되어드리지 못하는 내가
> 그 속에서 발효되고 있다
>
> — 「서까래 등뼈」 부분

> 장독대 간장독 뚜껑을 열어보니 간장은 보이지 않고
> 한 단지 가득 하늘이 들어 있습니다

얇은 구름 한 장, 헤진 모시적삼처럼 수막에 떠있습니다

간장 속, 그 속
메주가 푹 삭아 거울이 된 것이겠지요

포대기 냄새가 나는 것이겠지요

깊이를 알 수 없는 당신의 그림자, 눈을 닮았습니다

잎맥만 간신히 남은 이파리 하나 바람에 흘러갑니다

—「유마거울」 전문

시인에게 간절한 것은 삭힘, 즉 발효의 미덕이다. 시인이 소생할 수 있는 그 무엇이 있다면, 바로 시간의 자연스러운 흐름 속에서 눅진히 삭혀지며 정화되는 성찰의 에너지를 새롭게 '발견'하는 일이다. 오랜 세월 고택의 지붕을 이루는 서까래는 그 아래에서 일어나는 온갖 일들을 내려다보면서 묵언 수행을 하며 '적선積善'을 해왔듯, 시적 화자 역시 고택의 지붕 속에서 서까래의 '적선'과 같은 몫을 수행하기 위해서는 충분히 "발효되"어야 한다(「서까래 등뼈」). 이것은 간장독 속에서 "메주가 푹 삭아" 모든 음식의 깊고 특유한 장맛의 절정을 이루듯, 시적 화자 역시 이처럼 잘 발효된 메주와 같은 역할을 수행해야 하는 것이다. 모두 발효의 미덕을

육화해야 한다. 그렇다. 성찰의 진실과 그에 따라 형성되는 성찰의 힘은 어떤 것에 애오라지 부화뇌동附和雷同하지 않고 평정심을 유지하며 시간을 곰삭이며 견뎌내는 삶의 내공에 있다. 가령, "목청이 터져라 경을 외우는 개구리들 틈에서" "한마디 저음으로 일관하는 저 묵묵함"(「분강 섬여」)의 자태를 유지하는 두꺼비와, 수족관 안에 "홀로 정좌를 하고 있"는 대게 한 마리가 "보이지 않는 것을 보고 있음인지/눈은 감은 듯이 떠 있고 떠 있는 듯 캄캄"한 "저 묵직함 또는 당당함"(「능엄경이 보이지 않는 것」)의 자태에서 엿보이는 것과 흡사한 삶의 도저한 저력도 이와 결코 무관하지 않다. 이것이 또한 우주와 삶의 소중한 진실이다.

이러한 시적 진실은 서로 다른 수원水源에서 흐르는 두 갈래의 물이 요동치면서 합수合水하더니, 언제 그랬냐는 듯 그 요란스러움이 싹 가시고 그곳에서 진리의 꽃이 피고 진리의 열매까지 영글며 유장히 흘러가는 대하大河를 이룬다. 어떤 시적 계시일까. 이명 시인의 어제와 오늘, 그리고 미래의 진실이 유장히 흐른다.

> 서로 부딪치며 쿵쾅거리며 어느 곳에선가 왁자지껄한 소리가 들릴 것도 같았지만 그런 소리는 들리지 않았네 거기 머리말에 치렁치렁 연꽃이 피어나고 연밥이 익고 있었네 밥 타는 냄새가 나는 듯도 했지만 기다림은 없었네 생각이 깊은 것 같았네
>
> —「양수리에서」 부분

|작품론|

천년의 전설을 좇는 초월적 그리움

— 이명의 시세계

진순애 | 문학평론가

현대시가 아름다운 것은 현대시의 한 자락을 그리움이 받치고 있어서이다. 시의 원형이 찬가라면, 현대는 찬가의 시대가 아닌 까닭에 찬가의 자리를 그리움이 대신하면서 현대시의 아름다움을 그리움의 미학이 견지하고 있다. 무엇을 그리워하는가? 현대시가 그리는 그것이 원형의 세계와 유야무야 무관할 수 없어서 현대 시인들은 의식보다는 무의식 속에서 천년 전 원형의 세계를 초월적으로 그리워하리라. 그리움의 깊이는 시인의 개인적 세계에 따르면서도 인류가 지나온 천년의 무게와 무관하지 않으므로, 현대 시인의 개인적 그리움이 천년 전 근원적 인류의 보편적 세계

안에서 자유로울 리 없다.

현대의 끈이 가 닿는 곳이 천년 전 인류의 근원이며 현대 시인의 끈이 가 닿는 곳 또한 천년 전 근원적 인류의 세계일 수 있는 가교는 시의 상상력으로 이루어지는 초월성에 있다. 달리 말하여 시인의 초월적 그리움이 천년의 세월을 거스르고 좇아가 천년 전 전설의 세계에 닿게 되는 초월성의 근원인 것이다. 시의 목소리가 희미해져가는 현대에서도 시가 예찬되어야 하는 까닭이 여기에 있다. 그것은 단지 천년이라는 시간만을 거스르는 초월이 아닌 까닭에 그러하며, 반복되며 계승되는 보편적 목소리가 내재된 천년의 전설인 까닭에 그러하다.

이와 같이 천년의 전설을 좇는 그리움으로 노래하는 이 명의 신작시는 천년 전 인류의 자취를 만나게 하면서도 지금 여기 우리들의 초상 또한 반추하게 한다. 반추 속에 환기되는 이 명의 반성은 끝없이 반복하며 지속해야 하는 그의 시쓰기의 이유이기도 하겠고, 현대에도 시가 존재해야 하는 이유이기도 하다. 천년의 전설을 좇는 이 명의 초월적 그리움은 개인적인 반성을 넘어 인류의 보편적인 반성을 끌어내면서 시대를 질타하는 역사적 미학으로 확장된다. 이를 위해 '막사발, 서까래, 장독대, 장지문'처럼 사라져버린 혹은 사라져가는 것들이 소생하면서 그 속에 잠들었던 천년의 영혼들도 소생한다.

〉

천년의 비밀전이다
막사발 하나 붉은 카펫 위에 올라있다

어둠 속 조명을 받고 있는 막사발
누르스름한 색채

단번에 휘 돌렸을 것 같은
도공의 거친 손자국이 깊숙이 남아있다

태토 반죽 같은
질퍽한 한 끼의 밥이 그림자로 남아있는

입가를 자세히 들여다보니 눈물자국이 보인다

내 안으로 막사발이 들어오기까지
내가 어둠을 빠져나오기까지

나는 또 얼마나 더 깊어져야 하는지

—「막사발」 전문

국어사전은 '막사발'을 '품질이 나쁜 사발'이라고 명시하고 있다. 그러나 '막'이라는 말이 '앞뒤 가리지 않고 함부로'라는 뜻이므로, '막사발'은 품질보다는 '함부로 사용하는 사발'이라는 뜻이 더 정확할 것이다. 물론 '함부로 사용하는 사발'은 품질이 나쁘기 때문에 함부로 사용하기도 하겠지만, 반드시 그러하지만은 않다. 품질이 좋은 사발일지라도 사용한 지 오래됐거나 한 경우에 막사발로 그 신세가 전락하기도 하기 때문이다.

함부로 사용하는 사발에 내재된 또 다른 의미에는 매우 '편안하다'거나, '친밀하다'는 등이 있다. 이는 '일상에서 없어서는 안 되는 사발', 곧 '꼭 필요한 사발'이 막사발이라는 의미를 탄생시킨다. 그러니까 국어사전이 지칭하는 '품질이 나쁘다'는 의미는 제기된 채 '일상에서 꼭 필요하다'는 새로운 의미의 막사발이 탄생되는 근저에는 막사발과 일상을 함께하는 주체들의 삶의 여정이 살아있다.

따라서 막사발에는 '거칠면서도 깊은 천년의 그리움이 배어있는 도공의 손자국'이 살아있고, '천년의 비밀을 간직한, 질펀한 한 끼의 밥과 눈물과 거친 세월'이 살아있다. "내 안으로 막사발이 들어오기까지/ 내가 어둠을 빠져나오기까지//나는 또 얼마나 더 깊어져야 하는지'"라고 탄식을 동반한 그리운 반성 속에 막사발에 내재된 전설의 깊이도 이 명의 그리움의 깊이도 더해간다. 천년의 그리움을 간직한 막사발이란 이 명이 풀어내야 할 천년의 비밀과 다르지 않으므로, 천년의 전설의 비밀을 풀어내기 위해서는 이 명 또한 그리운 막사발의 초월만큼 초월해야 가능한 일인 까닭에 이 명의 탄식적 반성도 깊어질 수밖에 없다.

가송리 고택은 향유고래다
지붕에 조개껍데기 같은 희끗희끗한 반점들이 보인다
대청마루에 누운 나를 서까래가 감싸고 있다

서까래 사이로
옛사람들이 물결처럼 떠올랐다 사라진다

그립다는 생각에
서까래가 한껏 부풀어 오른다

살점은 곰삭아 뼈들만 골격을 갖춘 고택

여러 갈래의 등뼈들이 대청마루를 내려다보고 있는
하실 말씀이 따로 더 없는 중심에는
적선積善,
그림자만 살고 있다

미처, 한 끼의 영양도 되어드리지 못하는 내가
그 속에서 발효되고 있다

몸을 뒤척여보지만
드릴 말씀은 따로 더 없이

그러나
등뼈의 굴레는 한없이 포근하다

—「서까래 등뼈」 전문

'서까래'도 '막사발' 만큼의 전설과 그리움을 깊이 내재한 천년의 대상이다. '가송리 고택의 서까래 사이로 옛사람들이 물결처럼 떠올랐다 사라지는' 풍경을 상상하는 초월의 시간은 과거로의 초월이면서도 현재진행형이다. 잊혀져버린 서까래의 세계에 이르는 이 명의 초월적 그리움은 잊혀져버린 전설의 세계를 복원하며 그곳에 안착하기를 꿈꾸는 열망이 함께한다. '고택의 그림자가 주는 적선으로써 현대의 우리는 비로소 천년 전 근원의 세계에 따뜻하게 안착해볼 수도 있다'는 이 명의 반추적 반성 속에 천년의 전설이 아로새겨진다.

집은 그 집에 거주했던/하는 자들을 반사한다. 집은 그 집에 거주했던/하는 자들, 바로 그들을 은유하는 공간이다. 그림자만 살고 있는 고택일지라도 그 고택의 역사는 전설이 된 그림자로 살아있으므로, 비어버린 고택은 소멸될 수 없는 전설의 힘을 천년의 시간조차 초월하여 무궁히 보존하고 있다. 때문에 고택은 천년의 전설을 간직한 고택이면서도 천년의 전설의 힘으로 현재를 떠받치는 무궁한 진행형의 세계이다. 그 집에 거주했던 영혼이 고택의 곳곳에 살아있어서 고택은 영원히 살아있는 고택으로 남는다. 고택은 흉흉한 그림자가 난무하는 흉가가 아니라 천년 전의 따뜻한 영혼들과 함께 살아 숨쉬는 포근한 생명의 공간으로 유구하다.

장독대 간장독 뚜껑을 열어보니 간장은 보이지 않고
한 단지 가득 하늘이 들어 있습니다

엷은 구름 한 장, 헤진 모시적삼처럼 수막에 떠있습니다

간장 속, 그 속
메주가 푹 삭아 거울이 된 것이겠지요

포대기 냄새가 나는 것이겠지요
〉
깊이를 알 수 없는 당신의 그림자, 눈을 닮았습니다

잎맥만 간신히 남은 이파리 하나 바람에 흘러갑니다

—「유마거울」 전문

막사발도 비어있고, 서까래의 고택도 비어있고, 장독대의 간장독도 간장이 없다. 천년 전 공간도 비어있고 그곳을 채우던 인걸 또한 간 데 없어도, 그 그림자는 남아서 그리운 전설을 퍼 올리게 한다. '간장독 단지 안에는 가득 하늘이 들어있고, 엷은 구름 한 장 헤진 모시적삼처럼 수막에 떠있어서' 깊어가는 그리운 간장독이다. '비어있는 간장독과 간장 속, 그 속에 깊이를 알 수 없는 그림자가 그리운 눈을 닮아있어서' 간 데 없는 인걸의 영혼도 살아 숨쉬게 한다.

천년을 거스른 간장독의 전설은 고택의 전설처럼 그림자로

남아서 깊이를 잴 수 없는 영혼의 빛을 길어 올리고 있다. 거울은 간장독 속을 가득 채운 하늘을 반사하기도 하고, 흘러가는 엷은 구름 한 장을 반사하기도 하고, 기억 속의 간장을 반사하기도 하고, 한때는 그 집을 가득 채웠던 인걸의 그림자를 반사하기도 한다. 천년의 시간을 초월하는 이 명의 시간 속에서 비어있는 간장독이 천년의 전설로 되살아난다. 비어있는 간장독의 울림이 유마거울과 다르지 않다는 전언이다.

우리가 채워야 하는 것이 장지문뿐이랴
정처 없이 떠도는 우리의 맹서도
채워야 하는 것이다

남산 맨 꼭대기
가지는 보이지 않고
오직 자물통으로만 무성하게
세월 따라 물들고 있는
쌍떡잎식물강 연리지나무목 단풍나무과
짝을 이룬 자물통들이 서로를 채워주고 있다

문은 있는 듯이 없고 없는 듯이 있는
채워서 공중에 매달아야 비로소 열리는 문

서로를 껴안고 나무는
더 없이 포근하게 단풍들고 있다

—「자물통 나무」 전문

문은 열어야 하고 또 닫아야 하는 기능으로 집을 받치고 있다. 열어야 할 때 열리고, 닫아야 할 때 닫히는 것이 제대로 살아있는 문이다. 때문에 자물통으로 언제나 채워진 문은 제대로 살아있는 문이라고 할 수 없다. 그런데 「자물통나무」는 "우리가 채워야 하는 것이 장지문뿐이랴/ 정처 없이 떠도는 우리의 맹서도/채워야 하는 것"이라고 하여 '채워야 하는', 곧 '닫아야 하는' 문을 중심에 두고 있다. 그처럼 닫아야 하는 기능이 중심에 있는 문이 장지문이다. '방과 방 사이의 칸을 막아 끼우는 문'인 장지문은 닫혀있을 때에야 제 기능을 하는 문인 것이다.

열려있기보다는 늘 닫혀있어서 이 방과 저 방, 곧 각각의 방이 저대로 하나의 독립된 공간으로 살아있게 하는 기능을 장지문이 하므로, 장지문이 열려있을 때는 이 방과 저 방은 각각 저대로의 방이 아니라 하나의 통합된 방이다. 이때 장지문은 제 기능을 다하지 못한 것이라고 하겠다. 장지문이 제 기능을 다 해야만이 '정처 없이 떠도는 맹서와 같은 것'들을 정처 있게 하도록 한다. "있는 듯이 없고 없는 듯이 있는/채워서 공중에 매달아야 비로소 열리는 문"과 같은 문이 장지문이다. 자물통처럼 채워 있어서 비로소 문의 기능을 하는 문이 장지문인 것이다.

정처 없이 떠도는 사랑을 혹은 맹서를 붙잡아 채우려는 염원을 담은 자물통나무들도 닫혀 있어야 제 기능을 하는 장지문처럼 채워진 자물통이어야 제 기능을 다 하는 나무들이다. 그 염원의 세월이 천년의 전설을 좇는 그리움의 세계처럼 깊은 염원으로 채워진 세월일지라도, 천년의 세월쯤이야 그리움 한 자락으로 초월해버릴 수 있는 시간이어야 하는 까닭에 자물통나무는 천년의 세월을 간직한 장지문과 같은 그리움을 담보한다. 천년의 전설을 좇는 그리움이 초월의 미학일 수 있는 까닭이 여기에 있다. 이렇듯 그리움은 천년을 하루처럼 혹은 자물통이 채워진 채 공중에 매달려야 비로소 열리는 염원의 자물통처럼 그와 같은 초월의 깊이를 간직한 미학으로 이 시대를 은은히 반추한다.

* 이 글은 계간 리토피아 2013년 가을호 집중조명에 수록되어 있습니다.